LA

LOI DU 6 FÉVRIER 1893

ET

LA COMMUNICATION AU MINISTÈRE PUBLIC

PAR

Émile BOUVIER

Avocat, docteur en droit,
Ancien juge au tribunal civil de Lyon.

Extrait de la REVUE CRITIQUE DE LÉGISLATION ET DE JURISPRUDENCE.

PARIS

LIBRAIRIE COTILLON

F. PICHON, SUCCESSEUR, IMPRIMEUR-ÉDITEUR,

Libraire du Conseil d'Etat et de la Société de législation comparée

24, RUE SOUFFLOT, 24.

1894

LA

LOI DU 6 FÉVRIER 1893

ET

LA COMMUNICATION AU MINISTÈRE PUBLIC

PAR

Émile BOUVIER

Avocat, docteur en droit,
Ancien juge au tribunal civil de Lyon.

Extrait de la REVUE CRITIQUE DE LÉGISLATION ET DE JURISPRUDENCE.

PARIS

LIBRAIRIE COTILLON

F. PICHON, SUCCESSEUR, IMPRIMEUR-ÉDITEUR,

Libraire du Conseil d'Etat et de la Société de législation comparée

24, RUE SOUFFLOT, 24.

—

1894

LA LOI DU 6 FÉVRIER 1893

ET

LA COMMUNICATION AU MINISTÈRE PUBLIC

SOMMAIRE.

I. — Evolution historique.

II. — Fondement de l'art. 83, 6°, C. de proc. civ.

III. — Ce fondement fait défaut pour les causes de la femme séparée de corps. Conséquence : suppression de la communication au M. P.

IV. — Objection. Réfutation.

V. — Conséquences du système adopté.

VI. — Conclusion.

La loi du 6 février 1893 portant modification au régime de la séparation de corps a été l'objet de plusieurs commentaires, avant et après la promulgation qui en a été faite (1). Tout n'est pas dit pourtant, et l'on ne vient pas trop tard, même après tant de jurisconsultes, et qui écrivent. Personne, à notre connaissance du moins, n'a encore signalé une conséquence qui semble résulter de la disposition nouvelle : nous voulons parler de l'effet produit sur la communication au ministère public.

On sait que, si une femme mariée non autorisée de son mari agit en justice, l'affaire est « communicable ». Aux termes de

(1) V. notamment Cabouat, *Examen critique du projet de réforme de la séparation de corps adopté par le Sénat*, *Revue critique*, 1889, p. 703 ; 1890, p. 102 et 206 ; Huc, *Commentaire du Code civil*, t. III, p. 495 ; Vigié, *Cours élémentaire de Droit civil*, 2ᵉ éd., t. I, nᵒ 516, p. 290 et suiv. ; Surville, *Aperçu critique sur la loi du 6 février* 1893, *Revue critique*, 1893, p. 223 ; Charmont, *Commentaire de la loi du 6 février* 1893, dans les *Pandectes françaises périodiques*, 1893, 3, p. 33 ; Cabouat, *Commentaire de la loi du 6 février* 1893 dans les *Lois nouvelles*, 1893, 1, p. 273 et suiv.

l'art. 83, 6° du Code de procédure civile, le représentant du ministère public doit, de toute nécessité, donner ses conclusions dans la cause. Or nous croyons que, lorsqu'il s'agira désormais d'une femme séparée de corps, la situation sera toute autre. Cette femme ayant recouvré pleine capacité civile, la communication n'est plus exigée et devient simplement facultative comme dans tout procès intéressant un individu capable.

C'est à l'examen de ce point que nous voulons consacrer ces quelques pages.

●

I.

Sous l'empire de la loi des 16-24 août 1790, tit. VIII, art. 3, la communication était requise pour toutes les causes des femmes mariées, autorisées ou non de leurs maris et sans qu'on eût à s'inquiéter ni de leur régime matrimonial, ni des biens, dotaux ou non, dont il s'agissait. Il en était ainsi même si l'affaire intéressait la communauté et si le mari était en cause (1).

C'était évidemment abusif. L'intervention ou l'autorisation du mari présentaient toutes les garanties possibles, et l'on ne voit pas ce que pouvait y ajouter l'intervention du ministère public. Du moment qu'une femme mariée peut, en dehors de justice, faire tous les actes de la vie civile (aliénations, hypothèques, etc.) avec la seule autorisation de son mari, il est difficile de comprendre pourquoi, dès qu'elle aborde le prétoire, l'officier du ministère public devrait prendre sa cause en main. Dans un cas comme dans l'autre, la femme autorisée de son mari est aussi capable en principe que si elle était fille majeure ou veuve. Une seule restriction existe quand les époux ont adopté le régime dotal.

De là les règles établies par le Code de procédure. Un double principe est posé par l'art. 83, 6°. L'audition du ministère public n'est plus requise dans les causes des femmes mariées que lorsqu'elles ne sont pas autorisées par leur mari, mais d'autre part elle est requise toujours, même si elles sont autorisées de leur mari, lorsqu'il s'agit de leur dot constituée sous le régime dotal.

(1) Cass. 1er brumaire, an III, *Janin* c. *Franchiset,* Sir. *Coll. Nouv.*

— 5 —

Cette tendance restrictive à l'intervention du ministère public a été de nouveau reprise par la loi du 6 février 1893. D'après le nouvel art. 311 du C. civ., la séparation de corps a pour effet de rendre à la femme le plein exercice de sa capacité civile ; elle peut faire tous les actes juridiques sans avoir besoin de recourir à l'autorisation de son mari ou de justice. Il résulte de cette innovation que les causes intéressant les femmes séparées de corps ne sont plus communicables. La loi nouvelle n'est ainsi que la suite d'une évolution, un peu longue, réalisée à plus de quatre-vingts ans de distance. Elle vient limiter encore le nombre des procès dans lesquels les conclusions du ministère public sont obligatoires. A ce point de vue elle devra être approuvée par les adversaires de la communication. Elle entre en effet dans les vues de ceux qui souhaiteraient de la supprimer, ou tout au moins de la restreindre (1).

II.

Quel motif avait inspiré les rédacteurs de l'art. 83, 6°? Si on laisse de côté le cas où il s'agit de la dot sous le régime dotal, et si l'on ne considère que le cas de la femme plaidant sans l'autorisation de son mari, on peut donner un double motif à la nécessité de l'intervention du ministère public, la protection de la femme ou la crainte de fraudes possibles.

Sans doute il y a encore une raison plus générale, l'intérêt de la loi elle-même, que les officiers du ministère public ont pour devoir de faire respecter et observer. Les parties peuvent négliger involontairement d'invoquer les règles d'ordre public, ou bien elles peuvent s'entendre pour les laisser dans l'ombre et les tourner. L'intervention d'un magistrat du parquet supplée à leur négligence ou remédie à leur mauvaise foi. C'est là un motif général justifiant la communication dans toutes les hypothèses où elle a lieu. Comme on l'a dit, la loi est en cause dans toutes les

____

(1) La pratique de la communication au ministère public est critiquée notamment par Bonneville de Marsangy, *Moniteur des Tribunaux*, 1866, n° 585, et par Gislain, *Belgique judiciaire*, t. XXV, n° 22.

causes. Il doit donc y avoir une règle de procédure permettant d'en rappeler a tout moment l'existence et les dispositions.

Mais, à part cette raison qui n'a rien de particulier à la femme mariée, on peut donner un double fondement spécial à l'article 83, 6°.

M. Garsonnet se prononce pour la protection de la femme. « La communication, dit-il, n'est pas prescrite, en ce qui concerne les femmes mariées autorisées par justice, pour empêcher que les parties en cause n'arrivent, en simulant un procès en revendication, à réaliser une aliénation défendue. Si la loi eût eu cette crainte, elle n'eût exigé les conclusions du ministère public que dans les procès relatifs aux objets que... la femme (ou le mineur émancipé) ne peuvent pas aliéner librement. Si elle ne fait pas cette distinction, c'est qu'elle s'inspire d'une idée plus large et veut entourer de toutes les garanties possibles l'instruction et le jugement des causes où figurent des incapables (1). »

M. Garsonnet, qui rapproche ainsi la femme mariée des autres incapables, ajoute, pour compléter sa démonstration, que la capacité d'aliénation des femmes mariées séparées de biens est complexe. Elle exige bien des distinctions entre meubles corporels, incorporels, immeubles. Au contraire, l'art. 83, 6° ne fait aucune de ces distinctions (2). Donc, conclut-il, ce n'est pas la crainte des aliénations frauduleuses qui a guidé le législateur.

Pourtant ce raisonnement n'est pas décisif et nous ne croyons pas qu'il suffise à écarter pleinement le motif tiré des fraudes possibles. Que le législateur n'ait pas été déterminé *uniquement* par la crainte des aliénations frauduleuses, c'est possible. Mais que ce souci ait eu quelque influence, c'est bien possible aussi. D'ailleurs il n'y a pas que les aliénations frauduleuses qui soient à redouter. La femme séparée de biens ne peut pas, seule, constituer par exemple une hypothèque. Or un procès relatif à des meubles corporels, à des biens dont la femme pouvait disposer seule, peut très bien dissimuler une tentative de constitution d'hypothèque. On

(1) Garsonnet, *Traité de procédure*, I, p. 347. De même Bonfils, *Procédure*, n° 569.

(2) Garsonnet, *op. cit.*, p. 347, note 18.

comprend l'intervention du ministère public vérifiant que cette tentative n'existe pas et que tout se passe correctement.

Le danger de fraudes est donc à redouter même si le procès roule sur des choses dont la femme séparée a la libre disposition. L'argument tiré de ce que l'art. 83, 6° ne fait aucune distinction quant aux biens est donc écarté. Au reste M. Garsonnet lui-même, dans le passage cité plus haut, a bien l'air de dire que le but de la loi est, non pas de prévenir seulement une certaine fraude, l'aliénation détournée, mais *toutes* les fraudes de nature à se produire. La loi veut, dit-il, entourer de toutes les garanties possibles l'instruction et le jugement des causes où figurent des incapables. L'une de ces garanties est certainement l'éloignement de tout acte dolosif quel qu'il soit.

Est-ce à dire que la raison invoquée par M. Garsonnet soit sans valeur? Assurément non : elle en a tout autant que celle tirée du danger de la fraude. La vérité est que toutes deux se comprennent et peuvent cumulativement expliquer la disposition de l'art. 83, 6°. Mais ce que nous voulons retenir ici, c'est qu'il est inutile de prendre parti sur cette controverse. Quel que soit le motif par lequel on veuille expliquer la nécessité de la communication dans le procès d'une femme autorisée de justice, ce motif n'existe plus quand il s'agit d'une femme séparée de corps en vertu de la loi du 6 février 1893.

III.

Aujourd'hui, en effet, aux termes du nouvel art. 311 du C. civ., cette femme a repris « le plein exercice de sa capacité civile, sans qu'elle ait besoin de recourir à l'autorisation de son mari ou de justice. » Elle peut donc faire seule les actes les plus graves, aliénations, hypothèques, etc. Elle peut, *en dehors de justice*, procéder à toutes les opérations de la vie civile, non plus seulement d'administration, mais de disposition. Nous en concluons qu'elle peut, *en justice*, arriver aux mêmes résultats.

C'est là une conséquence de la loi de 1893. Il est certain tout d'abord que la femme peut librement ester en justice. L'accès du prétoire lui est ouvert, et elle intente elle-même les actions qui l'intéressent. « Il eût été contraire à toute logique de maintenir, sous ce rapport particulier, le système du Code civil, après avoir reconnu à la femme les droits d'aliéner et de s'obliger librement. » (1).

Etant donné cette liberté d'action, l'obligation de la communication au ministère public ne se comprendrait plus : il n'y a plus aucun motif pour l'exiger. Si en effet elle a pour fondement la crainte de fraudes, cette crainte ne trouve plus sa place aujourd'hui. La femme a reçu du législateur la faculté de se comporter comme elle l'entend. Elle a le pouvoir de réaliser, au dehors d'une instance, tous les actes qu'il lui plaît d'accomplir. On n'a donc plus à redouter qu'elle s'entende avec un tiers pour feindre un procès. Elle n'a plus à dissimuler ni aliénation d'immeuble, ni constitution d'hypothèque, ni emprunt considérable, ni transaction, etc., puisqu'elle peut effectuer toutes ces opérations juridiques au grand jour. D'autre part si l'on considère avec M. Garsonnet l'idée de protection pour la femme, on s'aperçoit que ce fondement fait également défaut aujourd'hui. Autrefois l'intervention du ministère public remplaçait celle du mari. Il se faisait communiquer toutes les pièces de l'affaire pour exercer la surveillance et le contrôle qu'aurait dû exercer le mari. Mais actuellement c'est la loi elle-même qui a écarté toute protection pour la femme séparée de corps et par suite séparée de biens. Il n'y a donc plus à suppléer à l'absence d'une garantie qui n'existe plus. Le législateur l'ayant supprimée, on n'a plus à chercher autre chose pour la remplacer. En d'autres termes nous disons :

« La nécessité de la communication a disparu dans la mesure où a disparu la nécessité de l'autorité maritale. »

Telle est la formule que nous proposons et qui nous semble exprimer l'état nouveau de la législation.

Si enfin on examine le motif général de la communication, l'intérêt de la loi, on voit qu'il ne commande pas davantage une solution contraire à la nôtre. Il ne s'agit plus d'invoquer les règles spéciales aux incapables, puisque la femme séparée de corps est

(1) Cabouat, *Commentaire de la loi du 6 février* 1893, dans les *Lois nouvelles*, 1893, 1, p. 324.

devenue capable. La communication *facultative* au ministère public, existant ici comme dans toute espèce de procès, suffit pour garantir l'observation des règles d'ordre public.

Ainsi, de quelque côté qu'on se tourne, on constate qu'il n'existe plus aucune raison pour déclarer « communicables » les causes des femmes séparées de corps. Ces causes, à notre point de vue, rentrent aujourd'hui dans le droit commun.

IV.

Il ne faudrait pas s'arrêter à l'objection, à peine spécieuse, que l'on pourrait déduire du texte littéral du Code de procédure civile. L'art. 83, 6° déclare communicables « les causes des femmes non autorisées par leurs maris. » Texte très général, pourrait-on dire, s'appliquant à tous les cas où la femme n'est pas autorisée de son mari, donc s'appliquant notamment au cas de la femme séparée de corps. C'est bien là une femme « non autorisée de son mari. »

Raisonner ainsi, ce serait jouer sur les mots. La femme non autorisée dont parle le texte est celle qui a un mari et qui ne peut obtenir son autorisation quand cette autorisation est nécessaire. Les rédacteurs du Code de procédure n'ont certainement jamais pensé à une femme mariée qui pourrait aliéner seule des immeubles, consentir une hypothèque ou faire tel autre acte de disposition aussi grave. Une telle conception eût bouleversé toutes leurs idées. Pour eux, la femme mariée, séparée ou non, restait toujours *in potestate mariti*. L'autorité maritale apparaissait alors comme une règle d'ordre public. Elle semblait être « le principe, d'une énergie constante et toujours identique à elle-même au cours du mariage, de la condition juridique de la femme, fût-elle séparée de corps (1). » Suivant l'expension de Duveyrier, la soumission de la femme à l'autorité du mari était « une règle inflexible autant qu'universelle (2). » C'est pourquoi les époux ne pouvaient

(1) Cabouat, id., p. 324.
(2) Cité par M. Cabouat, id., p. 310.

jamais s'y soustraire. C'est pourquoi aussi la femme mariée ne
pouvait non plus jamais arriver à l'indépendance, « que, disait
encore Duveyrier, l'intérêt de la femme repousse, que la nature
dément, et que la loi française refuse (1). »

C'est dans cette pensée qu'a été écrit l'art. 83, 6°. Aujourd'hui
au contraire est née une situation absolument nouvelle, non prévue
par les rédacteurs du Code. La femme séparée de corps a recouvré
sa pleine capacité civile; elle a été dispensée de recourir à l'autorisation maritale, c'est-à-dire privée de ce qui était pour elle une
gêne aussi bien qu'une protection. Ce que le législateur a voulu,
c'est « dégager la séparation de corps de certaines entraves, plus
pesantes que jamais aujourd'hui, en présence de l'indépendance
absolue assurée par le divorce (2). » Ainsi la tendance est bien
nette; elle consiste à *dégager* la séparation de corps pour la
rapprocher du divorce. Aussi a-t-on pu dire que cette disposition
de la loi du 6 fév. 1893, qui restitue à la femme séparée de corps
la pleine indépendance juridique, marque une rupture éclatante
avec cette tradition ancienne qu'il faut, en matière juridique, tout
craindre de l'inexpérience et de la légèreté de la femme (3).

Cette situation nouvelle commande une solution nouvelle.
L'art. 83, 6° ne peut pas s'appliquer à un cas pour lequel il n'a
pas été édicté. Il serait antijuridique de qualifier « femme non
autorisée » une femme qui n'a plus jamais besoin d'autorisation,
et de l'assimiler à une femme mariée ordinaire non autorisée de
son mari et manquant par suite d'une condition légale pour agir
valablement. Autant vaudrait dire, toujours en s'attachant à
l'interprétation littérale du texte, que la femme veuve ou divorcée
ou même la fille majeure sont, elles aussi, non autorisées du mari,
et que l'art. 83, 6° rend leurs procès communicables. La condition
de la femme séparée de corps présente aujourd'hui une grande
analogie avec celle de la femme divorcée. Le législateur a essayé
de les rapprocher toutes deux. Il s'est proposé de faire bénéficier
la première de quelques uns des avantages accordés à la seconde,
notamment de l'indépendance résultant de l'absence de toute

(1) Cité par M. Cabouat, id.
(2) Rapport de M. Allou au Sénat; Ann. 1885, n° 150, p. 164, 1re col.
(3) Cabouat, *Lois nouvelles*, 1893, 1, p. 307.

autorisation maritale. Comme personne n'aura l'idée d'appliquer l'art. 83, 6°, malgré ses termes très généraux, à la femme divorcée, il ne faut pas davantage l'appliquer à la femme séparée de corps. L'analogie des situations est complète.

L'objection n'aurait été exacte qu'avec le système de la loi de 1790. A cette époque l'autorisation maritale n'empêchait pas la communication d'avoir lieu obligatoirement. Cette formalité de l'instruction ne remplaçait pas alors l'intervention du mari ; elle venait s'y ajouter. Il eût donc peu importé que cette intervention eût eu lieu ou non : la communication, ayant son existence propre et indépendante de l'autorité maritale aurait toujours dû se produire. La femme, même autorisée de son mari, n'était pas assimilée, au point de vue des instances judiciaires, à un individu pleinement capable.

Mais sous l'empire du Code de procédure il ne peut en être de même. Le ministère public n'est obligé de parler qu'à défaut du mari et quand celui-ci aurait dû donner son consentement. Du moment que le mari est écarté, le ministère public l'est aussi. Avant 1893 la femme autorisée de son mari était un plaideur pleinement capable ; depuis la loi du 6 février 1893 elle est devenue telle, quand elle est séparée de corps, même sans autorisation maritale.

Le texte du Code de procédure s'accommode donc parfaitement de cette nouvelle interprétation. Il indique la règle générale, le *plerumque fit*, et à ce principe une dérogation est apportée quand il s'agit d'une femme séparée de corps. L'art. 83, 6°, très général en apparence, ne s'appliquera cependant pas à toutes les hypothèses. Mais peu importe : la partie du texte relative à la dot n'a pas été respectée davantage par les interprètes. L'art. 83, 6° dit en effet que le ministère public doit être entendu dans les causes des femmes même autorisées de leur mari, « lorsqu'il s'agit de leur dot. » Voilà une formule qui, elle aussi, a l'air d'être très générale. Et pourtant un parti très important dans la doctrine, ainsi que plusieurs monuments de jurisprudence, décide que la communication n'est exigée que s'il s'agit de la dot « inaliénable, » mais qu'elle devient facultative si la dot immobilière, pour ne pas parler de la dot mobilière, a été stipulée aliénable dans le contrat de mariage (1). Ce système, adopté par la pratique et par des auteurs aussi nombreux que considérables, restreint l'application de l'article aux cas pour lesquels il estime qu'il a été écrit. Dès que la raison d'être fait défaut, il l'écarte. Nous ne proposons pas de faire autre chose pour la partie du texte relative à la femme non autorisée de son mari.

V.

Il reste à indiquer les conséquences précises de l'innovation. La communication obligatoire, avons-nous dit, a disparu dans la mesure où a disparu l'autorisation maritale. Cette formule contient en elle-même l'indication de la portée et des limites qu'elle doit avoir. Elle indique le principe, qui comporte ou peut comporter des exceptions suivant l'interprétation donnée au nouvel article 311 du C. civ.

A. — Au point de vue purement pécuniaire, il est certain tout d'abord que la femme séparée de corps a recouvré aujourd'hui sa pleine capacité civile. Par suite, pour toutes les instances dans lesquelles un intérêt purement pécuniaire sera en jeu, la communication ne sera plus obligatoire.

Toutefois, si la femme était mariée sous le régime dotal, le ministère public devra, encore aujourd'hui, donner ses conclusions dans les causes où il s'agirait de la dot. Le Code de procédure prescrit en effet dans ce cas la communication indépendamment de toute autorisation maritale. Le fait que le mari est en cause ou consent au procès ne suffit pas pour écarter le contrôle et la surveillance de l'officier du ministère public. Quel est le motif de cette règle, il y a encore discussion pour le déterminer (2). Mais quel qu'il soit, il subsiste même après la séparation

(1) En ce sens Pigeau, *Procédure*, I, p. 237; Tessier, *De la dot*, I, n° 596; Boncenne, *Procédure*, II, p. 288; Boitard, dans ses premières éditions, I, n° 277; Garsonnet, *op. cit.*, I, n° 87; Mourlon, *Procédure*, n° 138; Bonfils, *op. cit.*, n° 569 5°; Nimes, 9 nov. 1849, D. 1852. 2. 180; S. 1850. 1. 93; Grenoble, 12 fév. 1846, D. 1846. 2. 237; S. 1846. 2. 519.

(2) V. les autorités citées à la note précédente, et, dans une opinion contraire, Duranton, t. XV, n° 481; Carré et Chauveau, *Lois de la Procédure*, I, quest. 404; Boitard, Colmet-Daage et Glasson, *Procédure*, 15° éd., I, n° 214.

du corps. Que la communication soit exigée, ainsi que le veut M. Glasson, comme rentrant dans l'ensemble des mesures qui ont plus particulièrement pour objet la protection de la dot sous le régime dotal, ou, ainsi que l'admet M. Garsonnet, par la crainte d'aliénations frauduleuses du fonds dotal, il en est toujours de même après la séparation de corps. La dot a toujours besoin d'être protégée et les tentatives d'aliénations détournées sont toujours à redouter.

Aussi la communication sera-t-elle exigée *dans la mesure où elle le serait s'il n'y avait pas séparation de corps*. On peut faire ici bien des distinctions, suivant qu'il s'agit de la dot mobilière ou immobilière, de la dot inaliénable ou stipulée aliénable, avec ou sans charge de remploi, etc. Il n'y a pas à développer ici ces points. Tout ce qu'il faut dire, c'est que la théorie de la communication dans les affaires intéressant la dot sous le régime dotal n'a pas subi de changement par suite de la promulgation de la loi nouvelle; elle reste ce qu'elle était avant 1893 (1).

Telles sont les solutions pour les affaires d'intérêt pécuniaire.

B. — Mais on pourra se demander, et on se demandait pendant la discussion de la réforme opérée par la loi de 1893, si, malgré la généralité du principe contenu dans le nouvel art. 311 du C. civ., il n'y aurait pas certains cas où la nécessité de l'autorisation maritale subsisterait. M. Cabouat avait soutenu que cette nécessité devait persister, malgré la séparation de corps, pour les actes concernant « la direction morale de la personne », changement de nationalité, louage de services, exercice d'une profession commerciale, formation d'une société, engagement théâtral, etc. Pour tous ces actes « purement juridiques », la femme séparée de corps serait restée incapable (2).

Nous n'avons pas à prendre parti sur ce système, qui semble d'ailleurs assez compromis. M. Cabouat paraît avoir, depuis la promulgation de la nouvelle loi, renoncé à le proposer (3). Mais enfin s'il rencontre encore des partisans, l'un des intérêts qu'il y

(1) Sur cette théorie, V. les autorités citées aux deux notes précédentes.
(2) Cabouat, *Revue critique*, 1890, p. 207 et 208.
(3) Cabouat, *Lois nouvelles*, 1893, I, p. 337 et suiv.

aura à l'adopter sera précisément la nécessité de la communication au ministère public. Si l'on admet que la femme a encore besoin de l'autorisation maritale pour un louage de services ou autre acte de cette espèce, il faudra décider également que les causes relatives à ces mêmes objets seront communicables quand elles intéresseront une femme mariée, même séparée de corps. Dans cette opinion il faudra revenir à la règle de la communication obligatoire. C'est l'application même de notre formule : puisqu'on admet la nécessité de l'autorisation maritale, il faut admettre aussi la nécessité de l'intervention du ministère public. C'est là en effet une cause où la femme, dans ce système, a besoin de protection, une cause dont l'instruction et le jugement, comme dit M. Garsonnet, doivent être entourés de toutes les garanties possibles. D'autre part les magistrats du parquet auraient alors une surveillance à exercer. Il y aurait des dangers à redouter. La femme ayant besoin, dans cette opinion, de l'autorisation maritale pour former, par exemple, une société de commerce, on pourrait craindre qu'elle ne simulât un procès avec un tiers pour essayer de se passer de cette autorisation.

Si au contraire on pense que l'art. 311 du C. civ. est tout à fait général, il faudra en conclure que la communication n'est plus obligatoire même quand il s'agira pour une femme séparée de corps de plaider sur un louage de services, l'exercice d'une profession commerciale, la formation d'une société, un engagement théâtral. Dans cette opinion, en effet, la cause n'a pas besoin d'être entourée de garanties plus qu'une autre, et d'autre part la femme séparée de corps pouvant librement faire ces actes en dehors de justice, peut librement aussi s'occuper, en justice, de tout ce qui y a trait.

Le même intérêt existe pour la faculté appartenant à la femme d'accepter toute espèce de donations. Doit-elle les accepter avec l'autorisation de son mari ou peut-elle les accepter seule ? Suivant la réponse on décidera que les instances relatives à ces donations sont ou non communicables.

Il convient toutefois de remarquer que cette discussion n'a pas d'intérêt pour le changement de nationalité de la femme séparée de corps. Dans tous les cas un procès en cette matière sera communicable parce qu'elle intéresse l'état des personnes. Sur ce point c'est l'art. 83, 2° du Code de procédure civile qui continue d'être en vigueur.

C. — Une dernière conséquence de notre formule est relative à la détermination des femmes auxquelles s'applique le nouveau régime. Il concerne avant tout les femmes séparées de corps, par suite séparées de biens, tant que dure la séparation. Mais on sait que les époux peuvent, d'après l'art. 311 du C. civ., modifié par la loi du 6 février 1893, reprendre la vie commune en laissant à la femme sa pleine capacité civile. Dans cette hypothèse on devra donner pour la femme *qui a été* séparée de corps toutes les solutions indiquées pour la femme *qui est* séparée de corps, avec les mêmes controverses signalées plus haut.

Si au contraire les époux anciennement séparés de corps reprennent la vie commune en plaçant la femme sous le régime de la séparation de biens conventionnelle, on revient à la règle générale de l'art. 83, 6°. L'intervention du ministère public sera donc de nouveau exigée d'après le principe que les causes des femmes séparées non autorisées de leur mari sont communicables.

VI.

Telle est la conséquence de la loi nouvelle. Elle montre en passant combien eût été regrettable en pratique et combien est mauvaise en législation la distinction, proposée pendant les travaux préparatoires, entre la femme qui a obtenu la séparation de corps et la femme contre qui elle a été prononcée. On avait voulu, à un moment, donner à la première seule la pleine capacité civile. La seconde serait restée soumise au régime ancien. Si cette distinction avait été consacrée par le législateur, la communication eût été obligatoire dans les instances intéressant la femme coupable, facultative dans les instances intéressant la femme innocente. Cette conséquence eût été singulièrement illogique. Si l'intervention nécessaire d'un magistrat du parquet est une protection pour les incapables, c'est précisément l'épouse indigne qui en aurait profité ; c'est celle dont les procès eussent été entourés « de toutes les garanties possibles. » Ce résultat choquant a été évité par l'assimilation des deux catégories de femmes séparées.

Une loi nouvelle a souvent des conséquences imprévues. Il en est particulièrement ainsi quand elle vient toucher à des principes qui jusqu'alors avaient été regardés comme d'ordre public. Les contre-coups peuvent être nombreux et importants. Or la loi du 6 février 1893 est une de celles qui ont pour but de transformer les fondements de la législation et de l'état social. « C'est une véritable révolution qu'on vous apporte, » disait un orateur au Sénat (1), et il avait raison. Mais une révolution a toujours de graves effets, même imprévus de ses auteurs. Nous venons d'en signaler un, le choc en retour sur la communication au ministère public. C'est là une conséquence de l'indépendance accordée récemment à la femme séparée de corps, indépendance que, peut-on dire au rebours des paroles de Duveyrier, « l'intérêt de la femme commande, que la nature permet et que la loi française autorise. »

(1) Observations de M. de Gavardie, à la séance du 13 juin 1885.